CB020731

O MUNDO SERIA MAIS LEGAL

MARCELO TOLENTINO

Companhia das Letrinhas

Gostaria de agradecer aos amigos que se envolveram com a ideia e enviaram sugestões, em especial Ana Luísa Clé, Andreia Barion e Pedro Sattin, que tiveram suas frases publicadas nesta edição.

Copyright do texto e das ilustrações © 2017 by Marcelo Tolentino

Grafia atualizada segundo o Acordo Ortográfico da Língua Portuguesa de 1990, que entrou em vigor no Brasil em 2009.

Revisão
FERNANDO WIZART
ISABEL CURY

Tratamento de imagem
M GALLEGO • STUDIO DE ARTES GRÁFICAS

Dados Internacionais de Catalogação na Publicação (CIP)
(Câmara Brasileira do Livro, SP, Brasil)

Tolentino, Marcelo
     O mundo seria mais legal / Marcelo Tolentino. — São Paulo :
Companhia das Letrinhas, 2017.

     ISBN: 978-85-7406-804-6

     1. Literatura infantojuvenil 2. Poesia - Literatura infantojuvenil
I. Título

17-06602	CDD-028.5

Índices para catálogo sistemático:
1. Poesia : Literatura infantil 028.5
2. Poesia : Literatura infantojuvenil 028.5

3ª reimpressão

Todos os direitos desta edição reservados à
EDITORA SCHWARCZ S.A.
Rua Bandeira Paulista, 702, cj. 32
04532-002 — São Paulo — SP — Brasil
☎ (11) 3707-3500
www.companhiadasletrinhas.com.br
www.blogdaletrinhas.com.br
/companhiadasletrinhas
@companhiadasletrinhas
/CanalLetrinhaZ

Para meu irmão Vitor,
que faz o mundo mais legal até do outro lado do planeta.

O MUND
MAIS LE

O SERIA GAL...

SE TODO DIA CHEGASSE
CARTÃO-POSTAL.

**SE POLVO FOSSE
ENTREGADOR
DE JORNAL.**

SE NO DESERTO CAÍSSE
UM TEMPORAL.

SE CACHORRO
FIZESSE
MIAU...

E GATO
FIZESSE
AU-AU.

SE A GENTE SECASSE
NO VARAL.

SE PINGUIM
NÃO USASSE
TRAJE
SOCIAL.

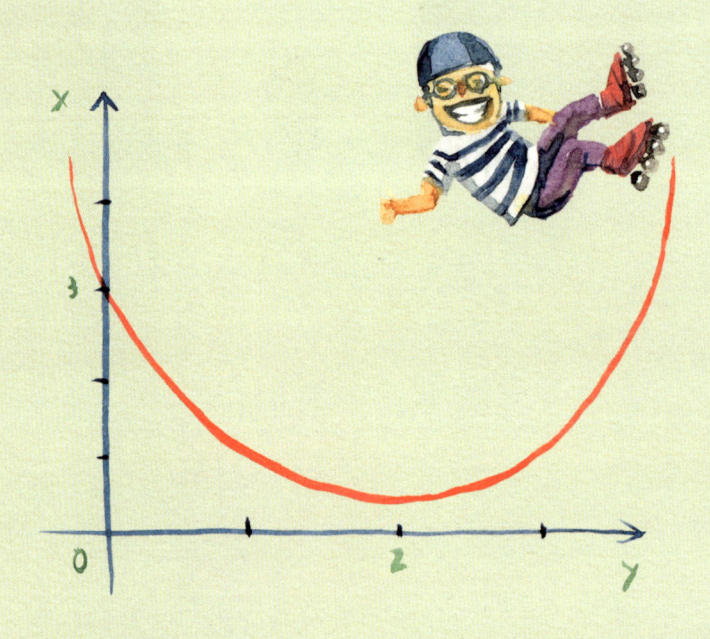

SE MATEMÁTICA FOSSE
ESPORTE RADICAL.

SE TODA SEGUNDA-FEIRA
FOSSE CARNAVAL.

SE CAMA FOSSE NAVE ESPACIAL.

SE SKATE NÃO FOSSE INDIVIDUAL.

SE TODOS OS PROBLEMAS
COUBESSEM
NUM DEDAL.

SE O MAR NÃO
TIVESSE SAL.

SE TODO
ENCONTRO FOSSE
PONTUAL.

SE A CHAPEUZINHO ENGOLISSE
O LOBO MAU.

SE NA ORQUESTRA
TOCASSEM
BERIMBAU.

SE O PAPAGAIO CANTASSE NO CORAL...

E AS CIGARRAS FIZESSEM UM LUAU.

SE TODO SONHO
FOSSE REAL.

SE ELEVADOR DESCESSE EM ESPIRAL.

SE A FURADEIRA FOSSE
UM PICA-PAU.

SE BROTASSE
ALGODÃO-DOCE
NO QUINTAL.

SE PICOLÉ FOSSE REMÉDIO ANTIGRIPAL.

SE NEM TUDO VIRASSE DIGITAL.

SE PUM FOSSE
INSTRUMENTO MUSICAL.

SE ESTE LIVRO NÃO CHEGASSE AO FINAL.

SOBRE O AUTOR E ILUSTRADOR

O MUNDO NÃO SERIA MAIS LEGAL SE TODO DIA A GENTE RECEBESSE UM CARTÃO-POSTAL? ESSE FOI O QUESTIONAMENTO QUE SURGIU DURANTE UM INVERNO CONGELANTE, NA TEMPORADA QUE PASSEI EM BOULDER, NOS ESTADOS UNIDOS, E QUE DEU ORIGEM A ESTE LIVRO, O PRIMEIRO QUE PUBLICO.

NASCI EM 1986, EM FORTALEZA, MAS CRESCI E MORO EM SÃO PAULO. SOU FORMADO EM DESIGN GRÁFICO PELA ESCOLA PANAMERICANA DE ARTES E EM COMUNICAÇÃO SOCIAL PELA ESPM. TRABALHEI COMO PUBLICITÁRIO ATÉ 2016, MOMENTO EM QUE DECIDI ME DEDICAR EXCLUSIVAMENTE À ILUSTRAÇÃO E ÀS ARTES PLÁSTICAS. DESDE ENTÃO DESENVOLVO MINHA PESQUISA EM DIVERSAS LINGUAGENS ARTÍSTICAS, COM DESTAQUE PARA O DESENHO, A FOTOGRAFIA E A ESCULTURA.

A marca FSC® é a garantia de que a madeira utilizada na fabricação do papel deste livro provém de florestas que foram gerenciadas de maneira ambientalmente corre-ta, socialmente justa e economicamente viável, além de outras fontes de origem controlada.

Esta obra foi composta em Knockout e impressa pela Geográfica em ofsete sobre papel Alta Alvura da Suzano S.A. para a Editora Schwarcz em maio de 2023